NOUVELLE LETTRE

D'UN

LIBRE PENSEUR POITEVIN

A MGR DUPANLOUP

Évêque d'Orléans

AU SUJET DE SA BROCHURE AYANT POUR TITRE

L'ATHÉISME ET LE PÉRIL SOCIAL

POITIERS | PARIS

CHEZ GIRARDIN, LIBRAIRE | CHEZ TOUS LES LIBRAIRES

1867

NOUVELLE LETTRE

D'UN

LIBRE PENSEUR POITEVIN

A MGR DUPANLOUP

ÉVÊQUE D'ORLÉANS

I.

En vérité, Monseigneur, si l'on prenait au sérieux votre brochure sur l'*Athéisme et le péril social*, on aurait une bien triste idée de la société moderne.

Votre lettre sur les *Malheurs et les signes du temps* n'était qu'une introduction à l'eau de rose à cette remarquable et très-curieuse brochure dans laquelle vous flagellez à plaisir cette pauvre société moderne. Il faut avouer qu'elle est bien audacieuse, cette société, d'oser penser tout autrement que vos grandeurs. Hélas! que voulez-vous, Monseigneur? tout s'use dans ce monde et demande à être renouvelé; les idées comme les hommes, les plantes comme les animaux. Vous tenez essentiellement à renouveler aussi, vous, non avec *du neuf*, mais avec *du vieux;* et c'est pourquoi cela ne vous réussit pas. Nous apprécions parfaitement toute la valeur de vos craintes pour cette société que vous voyez en danger ; car, à vos yeux, cette société c'est vous, Messieurs, et il ne peut y en avoir d'autre. Tout ce qui n'est pas vous ne peut être « la société. » Cette vile multitude, ce frétin qui grouille, tout cela ce sont les accidents, les plaies de « votre société. » Du moins au moyen âge, c'était ainsi, et comme vous avez peu ou pas changé depuis ces heureux temps de l'Église, par la raison que chez vous tout doit être immuable, ce doit être encore nécessairement votre manière de voir.

Il est heureux, Monseigneur, que tous les prélats d'aujourd'hui n'aient pas votre fougue chevaleresque, car vous êtes un batailleur énergique, et certes la cotte de maille et l'épée vous eussent mieux convenu que la crosse et la mitre, bien que vous portiez à merveille l'une et l'autre ; mais vous eussiez été beau à voir sous ce costume de bataille, mieux en harmonie avec votre caractère. Hélas ! que n'êtes-vous arrivé à l'épiscopat il y a cinq cents ans ; vous eussiez fait des prouesses en lançant l'anathème avec une vigueur terrible contre l'audacieux qui eût gêné « *les libertés essentielles de l'Église ;* » vous eussiez fait bon marché de cet *intrus de droit public*, au bénéfice du *saint droit canonique ;* vous eussiez châtié vertement les mécréants qui auraient osé censurer vos actes et défendre leurs libertés contre les coups de vos mains sacrées.

Malheureusement, vous êtes évêque au xixe siècle, Monseigneur; et entre cette époque de foi où les peuples s'inclinaient servilement devant l'omnipotence des prêtres; où la moindre décision des évêques était un arrêt sans appel; où l'on brûlait au nom de Dieu quiconque se fût permis de regimber sous le fouet clérical; où l'or étincelait sur les freins des chevaux des prélats, leurs selles et leurs éperons ; où de joyeux banquets égayaient leurs nuits (1); où les mets les plus recherchés couvraient leurs tables ; où les vins les plus exquis remplissaient leurs hanaps; où le clergé crossé, mitré , doré, doté, omnipotent enfin , mettait des provinces en interdit, excommuniait les rois, et brûlait les manants; entre ce bon vieux temps que vous regrettez, Monseigneur, et le siècle *d'athéisme* où vous vivez, il y a un abîme profond où le droit canonique et bien d'autres droits aussi illégitimes, aussi arbitraires, ont été précipités par les manants; il y a un cataclysme social de sombre mémoire, dont vous oubliez la date........ : 93! jour monstrueux de folies et d'horreur, j'en conviens, mais que des droits légitimes trop longtemps méconnus a fait naître; niveau terrible et barbare, tenu par une main impitoyable, qui, dans ce débordement de passions et de vengeances inassouvies, s'est couverte du sang de l'innocent comme de celui du coupable; mais les vôtres, Monseigneur, n'ont-ils pas dit un

(1) Voir la note A.

jour : Tuez ! tuez toujours, Dieu reconnaîtra les siens !... (1).

Le sang qui fut versé à la Saint-Barthélemy, celui des victimes sans nombre immolées sur les bûchers de la très-sainte Inquisition (2), devait amener ces cruelles représailles qu'un peuple longtemps esclave a dû croire nécessaire à son salut !... OEil pour œil ! dent pour dent ! sang pour sang ! c'est la peine du talion, Monseigneur, prescrite par Moïse (3).

Et puis, il faut bien en convenir, ce pauvre peuple avait aussi lui des *libertés essentielles* à reconquérir ; il s'est lassé d'être sans pain quand les tables des prélats, des chanoines, des abbés et autres regorgeaient du superflu ; d'être sans vêtements quand leurs garde-robe étaient inutilement encombrées de vêtements somptueux ; d'avoir froid et d'être sans asile quand leurs palais étincelaient sous le feu des lustres ; il s'est rappelé, ce peuple, que les hommes faits à l'image de Dieu, rachetés par le sang du Christ, étaient tous frères, tous égaux, et qu'il n'était pas juste que les uns mourussent de faim parce que ce qui était enlevé à leur besoin était employé à satisfaire la vanité des autres !

II.

Et cependant ce sont ces grands de la terre qui se sont dits les apôtres de cet homme divin dont toutes

(1) Voir la note B.
(2) Voir la note C.
(3) Voir la note D.

les actions, toutes les paroles furent sublimes, dont la
vie tout entière ne fut qu'une longue abnégation,
un éternel amour pour les misères humaines.....
Ils lui ont érigé des temples superbes, quand lui,
pour leur donner l'exemple de l'humilité, voulut
naître dans une étable..... Non ! non ! Monseigneur,
toutes ces basiliques resplendissantes d'or et de richesses se sont élevées bien plutôt pour flatter la
vanité de ces hommes, pour étaler aux yeux de la
foule leur puissance redoutable , que pour être
agréables à la divinité ; et, je vous le demande, que
peut faire à Dieu, à cet esprit infini, qui d'un mot a
créé les merveilles de l'univers, tout ce clinquant
frélaté que l'on entasse en son nom entre quatre murailles ? Que sont les voûtes élancées de vos cathédrales avec la pâle lumière de leurs cierges com-
parées à la voûte céleste qui, d'un seul jet, embrasse
le monde et suspend au-dessus de nos têtes ces innombrables étoiles, flambeaux mystérieux, qui nous
disent que Dieu existe et que la terre n'est pas tout !

Les peuples de la plus primitive antiquité, que
l'on traite de barbares et que des hommes trop savants
voudraient assimiler au singe, comprenaient diffé-
remment que nous la grandeur de ce Dieu, car ils
pensaient qu'un esprit aussi parfait, aussi divin, ne
pouvait avoir pour temple que ses propres œuvres,
c'est-à-dire l'univers tout entier, et que l'homme, sa
créature, était impuissant à lui élever des monuments
dignes de sa gloire (1). Aussi les autels de ces hommes,

(1) Voir la note E.

primitifs, pieux par instinct, ne se composaient-ils que de pierres brutes, telles que la nature les avait façonnées ; ils les dressaient sous la voûte du ciel, et les rayons du soleil éclairaient leurs naïves offrandes tout aussi grandioses, tout aussi agréables à Dieu, dans leur sauvage simplicité, que vos cérémonies mystiques et théâtrales (1).

Vos autels, à vous, ont au moins cet avantage, c'est qu'en cas de besoin on peut les transformer en lingots et en battre monnaie.

III.

Votre ambition et votre désir de domination sont sans bornes. Vous voudriez posséder non-seulement les esprits, mais encore la terre tout entière et les trésors qu'elle cache. Rien n'est de trop pour vous, rien ne peut combler cette ambition, assouvir cette soif de richesses : encore ! encore ! et jamais assez ! Jésus, dont vous vous dites les disciples, les imitateurs, que possédait-il, lui ? Avait-il des palais somptueux, se couvrait-il de pourpre et d'or ? se gorgeait-il des méts les plus exquis ? n'avait-il pas tout donné pour n'appartenir qu'à Dieu son père et se dévouer au salut de l'humanité ? Et ces hommes qu'il sut charmer par la douceur de ses paroles, par la divinité qui rayonnait en lui, n'abandonnèrent-ils pas, à son exemple, tout ce qu'ils possédaient de richesses pour suivre ses pas, devenir ses disciples et recevoir

(1) Voir la note F.

du divin maître les seuls trésors célestes. Ils administraient les sacrements de Dieu, mais sans réclamer pour ces pardons quelques misérables deniers. Vous, au contraire, vous accumulez ces biens terrestres qui ne devraient pas vous occuper (1).

Vous oubliez ces paroles du Christ : « Ne vous amassez point des trésors sur la terre, où la rouille et les vers rongent, et où les voleurs fouillent et dérobent. » (Chap. VI, v. 19, S. Math.)

« Nul ne peut servir deux maîtres; car, où il aimera l'un et haïra l'autre, où il sera docile à l'un, et méprisera l'autre. Vous ne pouvez servir Dieu et Mammon. » (Chap. VI, v. 25, S. Math.)

« Guérissez les malades, ressuscitez les morts, purifiez les lépreux, chassez les démons. Vous avez reçu gratuitement, donnez gratuitement. » (Ch. X, v. 8, S. Math.)

« N'ayez en possession ni or ni argent, ni aucune monnaie dans vos ceintures ; » (Chap. X, v. 9, S. Math.)

« Ni sac pour la route, ni deux tuniques, ni chaussure, ni bâton. » (Chap. X, v. 10, S. Math.)

Lamennais a dit : « Trafiquer des choses de la religion, c'est trafiquer de Dieu même ; et plus impie encore, s'il se peut, est le trafic qui spécule sur la superstition. »

Lorsqu'on insultait ces apôtres, se vengeaient-ils et ne pardonnaient-ils pas ? armaient-ils des peuples les

(1) Voir la note G.

uns contre les autres au nom de Dieu leur maître ? Au lieu d'allumer des bûchers, de susciter des révolutions, de cacher des poignards (1) ou le poison sous leur robe, comme les vôtres l'ont fait tant de fois, n'avaient-ils pas eux pour mission de calmer les colères, de rétablir la paix et la tranquillité dans les sociétés ?

Si vous êtes leurs représentants, pourquoi ne faites-vous pas comme eux ? Jésus n'a-t-il pas toujours prononcé ces divines paroles : *Aimez-vous les uns les autres ?* « Bénissez ceux qui vous maudissent et priez pour ceux qui vous calomnient. » (S. Luc, ch. VI, v. 28.) Oui, aimez-vous ! secourez-vous ! tendez la main au faible contre l'oppresseur et consolez l'affligé !.... Ah ! que nous sommes tous éloignés de ces principes de charité, et vous, plus que personne, Messieurs du clergé, car votre haine implacable ne s'éteint jamais, pas même après la mort ; elle poursuit son ennemi jusque dans la tombe !....

Et vous vous plaignez que la foi n'existe plus, que la religion disparaît du cœur de l'homme ; mais, Messieurs, qui l'a détruite, cette foi, cette religion, si ce n'est vous-mêmes, en nous parlant sans cesse de préceptes que vous ne pratiquez pas.

IV.

A vous le flambeau de la vérité, à vous le pouvoir de faire et de défaire, de dire et de toucher, de com-

(3) Voir la note H.

mander au monde entier. Dieu vous a tout accordé, même le droit de dénaturer ses œuvres, de fausser sa volonté; mais malheur à nous, pauvres rebelles, libres penseurs, qui doutons de vos paroles, anathème et damnation éternelle, si nous osons attaquer vos principes, toucher à un atome de vos biens temporels! Alors, oubliant cette charité évangélique, dont vous faites profession, vos colères débordent malgré vous, et au lieu de paroles de pardon et de grâce que devraient prononcer vos lèvres, vous vous repandez en invectives acerbes. Vous menacez, et votre vengeance, prompte ou tardive, frappe toujours dans l'ombre et sans pitié.

Non! cent fois non! le clergé, ce n'est pas la religion; blâmer les excès de l'un n'est pas détruire l'autre. Au contraire, c'est régénérer cette religion que de la dépouiller de ces plantes parasites qui la tuent: c'est faire ce que fit Jésus quand, indigné des trafics honteux qui se pratiquaient dans le temple de Dieu, il s'arma de cordes et en frappa les marchands qui profanaient la maison de son père.

V.

Ceux qui ne voudraient ni voir, ni entendre, qui voudraient qu'on ne vît pas et qu'on n'entendît rien, ont de puissantes raisons pour craindre ainsi que les autres soient initiés à la vérité.

Que la presse moderne soit antichrétienne à vos yeux, Messieurs, c'est possible; car elle est coupable, bien coupable, cette presse, de révéler chaque jour non-seulement des iniquités présentes, mais encore celles du passé que l'on croyait à jamais enfouies dans les liasses poudreuses de ces archives où tout le monde, pendant longtemps, ne savait pas lire ce qu'elles contenaient. Mais à coup sûr elle est plus sage, plus raisonnable, plus juste qu'une presse cléricale, antisociale et antilibérale, ne cherchant qu'à égarer les esprits pour continuer le règne de l'erreur et la domination théocratique.

Si les évêques ne s'étaient pas faits les administrateurs des immenses domaines dont jouissent, en France, un certain nombre d'ordres religieux, reconnus ou tolérés; si le clergé était moins absorbé dans « les détails et les mille œuvres de ses diocèses, » tous relatifs à des intérêts, plus matériels que spirituels; si, dans ses séminaires, il avait un peu plus appris à vivre de la vie de tout bon citoyen, et non d'une vie qui est celle d'un monde à part, exclusif, absorbant, il aurait pu suivre, en effet, non la marche de l'impiété, comme vous le dites, mais celle du progrès; il aurait vu, ce clergé, que le langage que cette presse parle chaque jour à la société française est celui de l'intelligence s'adressant à une grande nation; que les doctrines dont elle la nourrit sont bien celles qui lui conviennent, c'est-à-dire celles de la justice et de la vérité, devant lesquelles doivent enfin tomber tous les sophismes par lesquels des hommes de parti voudraient encore égarer cette société.

Il aurait vu, ce clergé, que son aveuglement sur le présent, que son entêtement dans les erreurs du passé creusaient chaque jour davantage le précipice ouvert aujourd'hui à ses regards effrayés, et qu'il arriverait infailliblement une heure terrible, celle où il lui deviendrait impossible de lutter contre ce courant qui l'entraîne dans ce gouffre. Nous aussi, Monseigneur Dupanloup, nous avons « la con-» science de parler pour remplir un grand devoir; pour » avertir, non pour blesser; pour montrer l'abîme, » avant qu'on y tombe. » Que l'on soit prêtre, évêque ou archevêque, avant tout on doit être *Français !* c'est-à-dire « gardien pour sa part » de l'honneur et de la gloire de son pays. On doit impitoyablement démasquer et combattre les fausses doctrines préconisées par les partisans d'un pouvoir usé, menaçant chaque jour de troubler l'ordre social.

Que nous importe le prétendu *péril religieux* que vous croyez voir! est-ce que Dieu ne saura pas défendre ses droits contre des hommes? n'a-t-il pas toujours eu gain de cause? qu'a-t-il donc à redouter de misérables êtres qu'il peut foudroyer de son souffle? Est-ce lui qui se plaint? non, mais ce sont ses ministres qui craignent plus pour eux que pour ce Dieu qu'ils savent invulnérable.

Quoi! parce que l'ignorance et la misère ont cessé d'être le partage exclusif des faibles; parce que cette foi aveugle qui faisait autrefois de l'homme un esclave à l'égal de la brute, n'existe plus;

Parce que l'instruction et le progrès des sciences

ont fait tomber le voile qui cachait la vérité, ont expliqué des mystères prétendus impénétrables ;

Parce que l'âme entrevoit des sphères tout autres que celles où un matérialisme intéressé l'avait condamnée à vivre ; parce que la pensée que l'on avait de Dieu s'est élevée, a grandi ; parce que l'âme se représente la divinité sous des traits plus augustes, plus grandioses, que ceux sous lesquels on nous l'a montrée jusqu'alors ;

Parce que des idées nouvelles, dictées par le bon sens, écloses aux rayons de la science, renversent les idées rétrogrades d'un pouvoir temporel, incompatible avec la vraie religion.

C'est pour ces raisons que vous voyez *un immense péril religieux, un immense péril social ?* En vérité, Monseigneur, permettez-nous de croire que vous êtes le jouet d'un rêve ; ce que vous appelez *péril religieux,* et que nous appelons, nous, *le péril du parti clérical,* mais c'est le triomphe complet de l'unique et vrai Dieu. Votre immense *péril* social n'est autre chose que le comble de la gloire nationale. Un péril existe en effet, mais seulement pour ces factieux qui n'ont de Français que le nom.

Ah ! Messieurs, vous avez fait un long sommeil ! vous vous êtes endormis trop confiants en la force des remparts de votre citadelle sacrée ; vous vous apercevez trop tard *des signes du temps,* et l'heure fatale du réveil a sonné pour vous. Vous êtes épouvantés maintenant en voyant vos murailles sapées et battues sans cesse par ce flot qui monte, monte toujours, et qui renversera toutes les digues impuissantes que votre confiance aveugle en l'inébranlable pouvoir temporel lui a opposé trop tardivement.

Oui, Monseigneur, vous dites vrai l'heure est solennelle ; car nous assistons au combat suprême de la libre pensée, brisant à jamais les fers où un esprit dominateur voudrait vainement la retenir.

L'avenir est gros d'événements, et plus le torrent qui vous menace trouvera de résistance, plus il montera, plus il accumulera de force contre ces obstacles, et plus terrible sera son cours quand il aura renversé ces barrières. Peut-être alors, dans son impétuosité, dépassera-t-il le but que la sagesse lui assigne; mais, après la tourmente, espérons que la réaction le ramènera à de justes limites. Quoiqu'il arrive, ce qu'il aura conquis sera désormais acquis à la société ; et mieux vaut trop que pas assez.

VI.

Plus d'adresse et moins d'aveuglement de la part du clergé lui eussent fait éviter une défaite aussi complète; lui seul n'a pas voulu marcher avec le progrès, n'a pas voulu comprendre les besoins nouveaux de la société moderne; il a voulu rester en arrière, quand tout marchait en avant; il a voulu que son pouvoir fût immuable à l'exemple de celui de Dieu, et aujourd'hui il se trouve effrayé de la distance qui le sépare du vrai monde ; il tremble de cet isolement qui le rend impuissant à maîtriser ce rapide courant qui doit infailliblement l'emporter. — A lui seul la faute, Monseigneur, car il est l'unique auteur de son mal. — Mais qu'il ne s'illusionne point : à force de propagande, il pourra peut-être ressaisir momentanément quelques lambeaux de ce pouvoir vermoulu : essayer de resserrer les rangs de ses légions, entasser sophismes nouveaux sur sophismes anciens, pour placer cet *immuable* au sommet de cette tour de Babel, croyant ainsi le préserver du flot envahisseur. — Erreur, Monseigneur; le souffle régénérateur de Dieu qui soulève la tempête, grondant de tous côtés, balayera un à un tous ces échafaudages inhabiles du vieux monde pour laisser le champ libre aux grandes aspirations des générations nouvelles.

VII.

A vous entendre, Messieurs, il semblerait vraiment que les événements de Rome doivent faire tressaillir l'univers tout entier ; on dirait que la supression du pouvoir temporel entraîne radicalement celle du pouvoir spirituel du pape et de la religion elle-même. Et c'est parce qu'on vous dit que ce pouvoir temporel ne convient plus, qu'il est opposé au pouvoir spirituel, que l'un exclut rigoureusement l'autre, que le temporel est en contradiction flagrante, incessante avec les lois de Jésus-Christ ;

c'est pour cela que vous vous levez menaçants, et venez jeter l'alarme dans les populations, crier à l'impiété, à l'athéisme, à l'iniquité. — Vous cherchez à soulever l'indignation, à exciter les passions : un peu plus, vous prêcheriez de nouvelles croisades contre le bon sens et la liberté !

C'est bien-là la meilleure preuve de l'aveuglement du clergé sur l'état des esprits au XIXe siècle. Vous avez cru vraiment, Messieurs, que la nation tout entière ressemblait à cette minime fraction de la société qui subit vos lois sans murmure, qui courbe la tête sous vos décrets épiscopaux. Vous avez cru que les hommes obéiraient et trembleraient à votre voix, comme les femmes et les enfants ; et, parce que vos intérêts matériels avaient exigé chez vous une complète immobilité, vous avez cru, dis-je, que les peuple s attentifs à vous écouter avaient dû, eux aussi, rester stationnaires ?

Quelle grave erreur a été la vôtre, Messeigneurs ! Quoique vous le voyiez maintenant et qu'au fond de votre âme vous n'en doutiez plus, nous sommes parfaitement convaincus que vous feindrez toujours de croire le contraire. Je parierai même que vous serez au fond de l'abîme que vous croirez encore tenir le monde dans vos mains ?

Ah ! il est dur, je l'avoue, de rompre avec ses vieilles habitudes ! Mais ici-bas tout doit avoir une fin, et quelle que soit la vivacité de vos regrets, quelles que soient vos colères, n'espérez pas que leur explosion puissent jamais nous ramener *les saintes guerres de religion*. Non, Monseigneur, ce serait vous préparer de nouvelles déceptions. Ces gentillesses des temps passés (1), les dragonnades et les saintes guerres de Vendée, ne sont plus de mode ; nous avons appris à vivre depuis ces temps *héroïques*, et aujourd'hui le peuple français ne verse plus le sang de ses frères au nom de Jésus-Christ. Les *manants* se sont désabusés, et leur raison a condamné tous ces désordres nés d'une ambition blâmable et d'un fanatisme brutal.

Personne ne bougerait à cet appel, à moins que ceux qui ont le pouvoir de faire des miracles ne ressuscitent ces chauds catholiques du xvie siècle ; mais alors qu'ils prennent bien garde à ne pas réveiller en même temps Luther, Calvin, Zwingle, Savanarole, Vico et tous ceux qui ont lutté pour la liberté de la conscience.

Nous savons bien que ces paroles, pour vous, sont de celles que vous traitez d'impies. Mais cela nous importe peu ; et nous croyons, nous, que si vous avez le droit d'attaquer, même d'injurier la société, en la représentant sous un masque repoussant, nous avons, nous citoyens, celui de la défendre ; et, fussions-nous des athées à vos yeux, nous devons quand même nous souvenir que nous sommes Français et marcher courageusement vers cette ère nouvelle qui nous promet l'affranchissement complet de l'esprit humain. A vous le passé, Messieurs, et à nous l'ave-

(1) Voir la note I.

nir ! Si nous défrichons péniblement le terrain envahi par les ronces et les arbres sans sève, si nous ne récoltons pas pour tant de labeur, au moins aurons-nous jeté la semence dans ce vieux sol gaulois si prodigue de ses trésors pour la main laborieuse qui les cherche, et dans lequel les générations qui nous suivront sauront cueillir de riches moissons.

N'avons-nous pas, nous, récolté les fruits de ce rude défrichement de 89? et ne devons-nous pas laisser à nos enfants, intact, cet héritage que nous ont légué nos pères? Tous les efforts pour en amoindrir la valeur ont été impuissants, même sous la Restauration, et plus tard le journal l'*Avenir*, sous Lamennais, Lacordaire et M. de Montalembert, a essayé, sans y réussir, de faire vivre en bon accord l'idée religieuse et la liberté.

VIII.

Nous savons fort bien encore que tous les ultramontains voudraient voir couler le sang dans les rues de Rome ; car si la tranquillité n'est pas troublée par l'émeute, si l'on ne fournit pas au pape des raisons majeures pour quitter le *saint-siége*, adieu les complaintes et les élégies touchantes sur l'exilé de la ville éternelle ; adieu ces chants du martyre que l'on se préparait à entonner avec allégresse ; adieu ces flots de larmes et cette excommunication du monde entier, dont on augurait un prodigieux effet pour soulever l'indignation des masses contre ceux

que des prélats égarés par la colère ont nommé l'Hé-
rode et le Pilate des temps modernes. Ce grand coup
de théâtre sera manqué, et les frais de la mise en scène
deviendront inutiles. On en sera quitte pour rire une
fois encore des faux prophètes. Oh! c'est que l'esprit
français a le défaut d'être naturellement railleur et
de savoir cruellement rire de tout.

Mais, une bonne fois pour toute, donnons à la question actuelle le véritable et unique caractère qu'elle doit
conserver; laissons Dieu, les anges et les saints
dans leurs sphères bienheureuses où ils doivent avoir
bien pitié de toutes ces comédies, de tout ce remue-
ménage dont on les dit la cause. Séparons Dieu
et la religion du clergé, car vous avez tous, Messieurs, une extrême habileté à confondre l'un avec les
autres, si bien que tout ce qui vous est purement personnel, à vous, congrégations religieuses, hommes
peccables comme le dernier des mortels, vous en faites invariablement l'affaire de Dieu; vous vous dissi-
mulez adroitement derrière ce puissant rempart, en
criant bien fort que l'on fait une guerre impie, une
guerre effroyable à Dieu.

Donc, pour répondre à cette question que vous
nous faites page 57 : « *Qu'êtes-vous et que nous prépa-
rez-vous? Le moment est venu de le dire.* » Nous vous
répondons sans périphrase :

Nous sommes ce que beaucoup trop d'autres ne sont
pas, Monseigneur, des hommes d'honneur aimant
Dieu, leurs frères, leur patrie et le souverain qu'elle
s'est choisie, — honorant et respectant la vertu et le

talent, — ne reconnaissant en fait de priviléges que ceux dont la Providence a doué certains hommes, —· la supériorité de l'intelligence, — ne voulant pas que la religion soit un manteau, un prétexte qui serve, comme elle l'a fait depuis des siècles, à cacher une injuste ambition, une despotique domination.

Nous sommes surtout, Monsieur Dupanloup, des hommes qui ne voulons pas qu'on touche à notre gloire nationale, qu'on ternisse les couleurs de notre drapeau, parce que pour nous, qui sommes Français, c'est là notre plus cher bien, celui pour la défense duquel nous verserons avec bonheur jusqu'à la dernière goutte de notre sang. Nous n'oublions pas, nous, Monseigneur, que ce drapeau a fait jadis trembler le monde entier, que naguère encore il protégeait des ingrats, et qu'aujourd'hui il est l'emblème de la première nation de l'Europe.

C'est pourquoi, Monseigneur, vous et les vôtres nous trouverez toujours sur la brèche, luttant énergiquement, luttant sans trève ni merci, au grand jour, loyalement, jusqu'à ce qu'enfin la victoire couronne nos efforts.

Nous vous demandons à notre tour :

Sommes-nous libres de vous croire, ou de ne pas vous croire ?

Dans ce cas, qu'avez-vous à reprendre à nos opinions religieuses ?

Que vous importe qu'elles diffèrent des vôtres ?

Pourquoi nous traitez-vous d'athées, d'impies, de révolutionnaires ?

Pourquoi toutes ces injures, toutes ces colères ridicules?

D'un autre côté, si nous devons nous taire, étouffer en nous la voix qui nous crie de protester, s'il nous faut soumettre notre conscience aux lois tyranniques de ce que vous appelez *votre religion*, à quoi donc alors sert la liberté des cultes, le libre arbitre, la liberté de conscience?....

Non, Messeigneurs, il n'y a aucun pouvoir sur la terre qui puisse étouffer la raison et la vérité, et quand on cesse d'être guidé par elles, on cesse aussi de s'appartenir, pour devenir le jouet des caprices d'autrui.

Tenez ! le dernier mot de toutes vos terreurs, eh bien ! le voici :

Ce n'est point la crainte de voir sombrer *la croyance* en Dieu, dans les flots tumultueux de la libre pensée, qui vous préoccupe. Non, ce n'est pas pour Dieu que vous avez peur : vous savez trop bien que la raison et le savoir prouvent à chaque instant à l'homme le plus incrédule que ce Dieu existe, et que, pour s'en convaincre, il n'a qu'à jeter les yeux sur lui-même, les élever vers le ciel, ou les abaisser sur la terre.

Vous savez bien qu'il n'existe pas un seul athée, dans toute l'acception du mot; que ceux qui se disent tels sont fous — et alors ils ne savent ce qu'ils font; ou s'ils ont leur raison, ce sont des gens qui veulent passer pour des *esprits forts*, beaucoup *trop forts* pour être pris au sérieux, — et, croyez-le bien, ceux-là même mentent à leur propre conscience.

Non, Monseigneur, disons-le franchement, vous cherchez à dissimuler vos propres craintes pour vos biens temporels en criant que la foi, la religion, la gloire de Dieu sont en danger. Vous faites sonner bien haut que c'est à Dieu que l'on en veut, que c'est lui qu'on attaque, qu'on insulte, et tout cela pourquoi? parce qu'on reproche à quelques-uns de ses gens de trop oublier, en se vouant à son culte, les véritables intérêts de ce Dieu, pour ne penser qu'aux leurs ici-bas; parce que nous disons à ces hommes : Si vous êtes les successeurs des apôtres, pourquoi ne faites-vous pas comme eux? pourquoi vous-mêmes, les premiers, n'obéissez-vous pas aux lois qu'ils vous ont chargés de faire respecter?

Jésus-Christ avait-il trois couronnes sur la tête ? commandait-ils des armées? avait-il une croix dans une main et un glaive dans l'autre? était-il assis sur un trône? avait-il des États à gouverner? se faisait-il appeler le souverain pontife, le saint-père? se couvrait-il de tissus précieux? se disait-il infaillible ? faisait-il baiser sa sandale ou son anneau à ceux qui l'approchaient? Non, Messeigneurs! Jésus, votre maître et votre Dieu, ne possédait rien. Jésus marchait pieds nus, et sa gloire était sa seule couronne; il n'avait ni sceptre ni trône sur cette terre ; et cependant il commandait aux nations par le respect qu'il leur imposait. Ses préceptes sont aujourd'hui les fondements de la première religion du monde. Et ses apôtres, eux aussi, que possédaient-ils ?...... Rien ! si ce n'est le désir d'imiter leur maître.

Ah ! Messieurs, celui qui montrerait dans le même cadre Jésus au milieu de ses douze apôtres, tous pieds nus, têtes nues, couverts de vêtements simples, pâles de privations, n'habitant que d'humbles demeures, et qui en parallèle à cette image de la simplicité, de l'humilité évangélique, représenterait le pape, ce vicaire de Jésus-Christ, avec sa tiare et son sceptre, assis sur un trône, entouré de sa cour, dans un palais somptueux, et, d'un autre côté, tous ces prélats mitrés, crossés, dorés, trônant eux aussi, soit dans leurs palais épiscopaux, entourés de chanoines, soit au sein de leurs cathédrales, aux pieds (1) de leurs autels où ils reçoivent l'encens destiné à Dieu, croyez-vous, vraiment, qu'on ne prendrait pas les serviteurs pour les maîtres, et les maîtres pour les serviteurs ? Croyez-vous qu'on ne puisse dire en soi : Non ! ces gens riches, ces gens puissants, couverts de drap d'or et de pierreries, de dentelles et de soie, crossés et mitrés, ne peuvent être les serviteurs de ces mendiants armés de bâtons, de ces hommes sans souliers et sans chapeaux, sans trône et sans sceptre ; ces gens-là se rient de nous ; ce sont eux qui sont les dieux, qui lancent les foudres terribles de l'anathème, qui ouvrent les portes du ciel et celles de l'enfer, et les autres ne sont que leurs valets ou des imposteurs !.....

Et pourtant, Monsieur, qu'y aurait-il dans ce tableau qui ne fût rigoureusement exact ?

(1) Voir la note J.

IX.

Nous ne sommes pas athées, car nous croyons en Dieu, mais en un Dieu bon, juste et charitable qui, en raison de sa puissance infinie, ne peut s'amuser à martyriser de faibles êtres imparfaits comme l'espèce humaine. Que diriez-vous d'un colosse qui prendrait plaisir à tourmenter de pauvres petits enfants ? Que penseriez-vous d'un homme qui passerait son temps à torturer d'inoffensifs insectes qu'il peut écraser par centaines sous son talon ?

Qu'est-ce que l'homme relativement à Dieu ?

Ce que nous ne pouvons pas croire, c'est qu'un Dieu *juste et bon* soit assez barbare pour nous rappeler son existence par des fléaux cruels, parce qu'alors ce serait un Dieu *vengeur* et *méchant*, et que nous ne reconnaissons ces défauts qu'aux hommes. Mais s'il en était autrement, je ne sais pas trop, Monseigneur, si nous serions bien d'accord sur « ceux qui devraient ici-bas rentrer en eux-mêmes, pour se demander si rien de leur part n'a provoqué ce fléau. » Qu'en pensez-vous ? Nous ne croyons pas encore qu'un Dieu créateur prenne le souci de se mêler des affaires du monde et y intervienne par sa providence. Nous ne sommes pas étonnés que vous nous le disiez, car vous ne pouvez parler autrement. Si Dieu se mêle des affaires des hommes, ce ne peut être que par l'intermédiaire de ses ministres ; de là ces formidables pouvoirs dont vous êtes revêtus.

S'il n'en était pas ainsi, ces ministres religieux seraient purement inutiles.

X.

« La loi, la grande loi de la justice est certaine, et nul n'y échappe : tôt ou tard le mal appelle le malheur, etc. »

Nous croyons à cette justice, et, le présent nous le prouve, le mal du passé appelait votre malheur actuel : c'est là notre conviction et celle de bien d'autres.

Nous sommes encore de votre avis, Monseigneur, et de celui de Jefferson : nous tremblons pour le clergé quand nous songeons à la justice divine. Si l'empire et l'usage de la force sont chez ceux que vous appelez vos ennemis, convenez aussi que ceux-là du moins pratiquent la charité en ne s'en servant pas pour châtier de téméraires agresseurs.

Ne vous en déplaise, Monseigneur, nous croyons que le XIXe siècle peut fièrement se lever et dire que nul des siècles qui l'ont précédé n'a été meilleur et plus grand que lui ; ce n'est pas votre avis, je le comprends, et vous avez de bonnes raisons pour cela. — Hélas ! le XIXe siècle n'est pas celui d'une foi aveugle.

XI.

Si Jésus revenait sur cette terre, croyez-vous qu'il oserait s'asseoir sur le siége de son vicaire ? — et n'aurait-il pas le droit de faire à certains ministres les reproches qu'il adressait aux Juifs : *Populo meus, quid feci tibi?* Ne vous ai-je pas enseigné la charité et le respect de Dieu? Est-ce là, ingrats, le prix que je devais attendre du plaisir que je me suis fait de m'abaisser jusqu'à vous, pour vous élever jusqu'à moi? Est-ce parce que j'ai désarmé la justice de mon père, en me sacrifiant pour vous, qu'aujourd'hui, plus déterminés dans vos blasphèmes, que Pilate dans son jugement, vous me crucifiez de nouveau par la dissolution de vos mœurs, et par la fureur extravagante de votre fanatisme et de votre ambition. Le sang de vos innombrables victimes, les larmes de la veuve et de l'orphelin sont montés jusqu'à moi. Caïns que vous êtes ! qu'avez-vous fait de vos frères ?

Lamennais avait bien raison lorsqu'il disait : « Où » est le Christ? où est sa doctrine? où la trouver » chez les nations même chrétiennes? Cherchez-la » dans les institutions, elle n'y est pas ; dans les » lois presque toutes empreintes d'une injuste iné-» galité, elle n'y est pas ; dans les mœurs qui » caractérisent un profond égoïsme, elle n'y est pas. » Où donc est-elle? Elle est dans l'avenir qui se » prépare au fond de la nature humaine en travail;

» elle est dans ce mouvement qui agite les peuples
» d'un bout de la terre à l'autre ; elle est dans les as-
» pirations des âmes pures, des cœurs droits ; elle est
» dans la conscience de tous, car tous se disent : ce
» qui est ne saurait durer, car ce qui est, c'est le
» mal, la négation de la charité, de la fraternité, une
» tradition de la race de Caïn, quelque chose de ré-
» prouvé qu'emportera bientôt le souffle de Dieu. »
Ces paroles de Lamennais ont-elles jamais mieux
exprimé la vérité, qu'elles ne le font à cette heure.
Ne les croirait-on pas écrites pour la situation pré-
sente ?

XII.

Quels que soient les gouvernements qui régiront
l'humanité — République, Empire ou Royauté — les
hommes prieront toujours Dieu ; mais nous croyons
aussi que ces prières peuvent se faire, que la religion peut exister, sans que, pour cela, une caste
privilégiée nous en fasse une loi, nous impose et
nous dicte ces prières, nous damne ou nous cano-
nise, suivant que nous aurons été plus ou moins
soumis à ses lois, plus ou moins esclaves de ses
volontés.

Nous croyons fermement que le christianisme
peut être pratiqué sans le secours des prêtres, des
moines, des religieuses, des évêques, du pape, etc.

Que des hommes, si tel est leur bon plaisir, passent leur vie en prières, se livrent exclusivement au

culte de Dieu, honorent les anges et les saints : cela les regarde; personne ne leur en fait un crime ; c'est un droit qui leur appartient et que nul ne peut leur ravir. Mais nous ne croyons pas aussi que cette vie contemplative puisse et doive dispenser ces hommes des devoirs qui incombent à chaque citoyen, suivant la mesure de ses forces physiques et intellectuelles.

Comme Dieu, Monseigneur, toute société a le droit d'exiger de ceux qui la composent l'accomplissement de devoirs sacrés dont la surabondance des prières ne saurait dispenser.

Nous ne voyons ni ne comprenons la nécessité que des hommes se chargent exclusivement du *salut d'autrui*.

Chacun a bien assez à s'occuper du sien propre, sans encore prendre souci de celui des autres.

Ce privilége des prêtres de dispenser des trésors de grâces et de prières, moyennant une opulente oisiveté et une obéissance servile à leurs ordres, nous paraît souverainement injuste. En effet, de quel droit voulez-vous forcer notre conscience à accepter sans contrôle vos idées, à croire aveuglément tout ce qu'il vous plaît de nous dire de croire ? Qu'est-ce qui nous prouve que vous-mêmes n'êtes pas dans l'erreur ? De quel droit des hommes, qui veulent jouir de toutes les prérogatives auxquelles chaque citoyen français peut prétendre, seraient-ils dispensés, par exemple, de verser leur sang pour l'honneur et la gloire de la patrie dont ils se disent les enfants ? A eux les grandeurs, la fortune et la

paix parce qu'ils passent leur vie dans les prières.
A nous, qui leur donnons des rentes, les privations,
les larmes et les chagrins, les rudes labeurs du corps
et de l'esprit; à nous de tout quitter, de nous sépa-
rer quelquefois pour toujours de nos enfants, de nos
épouses, de nos amis, si la patrie est en danger;
pendant que nous affrontons les périls du combat,
que nous faisons un rempart de notre corps à cet
aigle qui nous guide au champ de l'honneur,
pendant que la misère, la fatigue, la famine, la peste
et les inondations nous écrasent, vous, Messieurs,
vous êtes dans vos palais épiscopaux, dans vos
églises, dans vos séminaires, dans vos couvents,
ne manquant de rien et occupés à prier Dieu.......
Encore n'est-ce pas toujours pour qu'il nous par-
donne nos fautes, mais trop souvent pour qu'il ex-
termine, dans sa sainte colère, ces mécréants qui
ont l'audace de ne pas être de votre avis.

Vous formez un petit État à part, exclusif, au
sein même d'un autre État. — Vous recevez tout de
lui, honneurs et richesses, et vous ne lui donnez
rien, pas même la paix quelquefois. — Chez vous
tout le monde commande; on veut commander aux
peuples comme aux rois, au corps comme à l'esprit.

Vous devriez au moins être tous des saints, vous
qui n'avez pour unique occupation que de plaire au
Créateur. Vous n'en êtes donc que plus coupables
quand vous péchez. Nous sommes excusables, nous
qui devons partager notre temps entre le travail et
la prière, qui avons à remplir les devoirs sacrés de

père et d'époux, de citoyen et de chrétien. On devrait donc être plus indulgent pour nous que pour vous, et cependant c'est le contraire qui existe, car c'est toujours nous qui sommes cloués au pilori des réprouvés par vos sermons, vos lettres pastorales et vos mandements très-chrétiens.

En vérité, Monseigneur, vous conviendrez que vous êtes par trop privilégiés, surtout quand, pour jouir de tant d'avantages, vous n'avez purement et simplement qu'à endosser la soutane : aussi, pour peu que l'on vous crût, Messieurs, tous les hommes se feraient prêtres, toutes les femmes religieuses ; et nous ne doutons pas que la France ne devînt bientôt un vaste monastère de capucins, de cordeliers, de bénédictins, de carmes, de jésuites, etc. Les couvents, les congrégations religieuses, qui se fondent chaque jour malheureusement, ne justifient que trop nos craintes à ce sujet.

Mais enfin, si jamais il en était ainsi (et la chose arriverait si l'on vous laissait faire), nous voudrions bien savoir qui défendrait la patrie quand l'ennemi menacerait la frontière. Croyez-vous, Monseigneur, que vos croix et vos cierges, vos bannières et vos encensoirs produiraient le même effet que la vue de nos étendards ? Vous me permettrez d'en douter. Et puis qui cultiverait ces champs fertiles, ces riches provinces, objet de la convoitise héréditaire de nos voisins ?

Et l'espèce humaine enfin que deviendrait-elle ? Ah ! Monseigneur, l'idée de faire de la France une immense abbaye est un rêve impossible, convenez-en; mieux vaut encore une société de libres penseurs, dût-il y avoir dans le nombre quelques athées, quelques positivistes, quelques panthéistes, quelques matérialistes, enfin quelques francs-maçons.

Ceux-là, au moins, pourront se faire laboureurs et vignerons ; au moment du danger, abandonner la charrue et le tonneau pour prendre le mousquet, rappeler à l'ennemi que les enfants de ce vieux sol gaulois sont toujours vaillants et glorieux, et laisser en mourant une postérité de citoyens et de soldats.

XIII.

Vous êtes fidèle à votre système, Monseigneur; au clergé seul le droit de parler de religion, et ceci de par une grâce spéciale reçue du ciel. A nous de nous taire, de vous écouter et de vous croire.

Heureusement, c'est ce que nous ne voulons pas faire; aussi vous récriez-vous contre la *propagande* des idées nouvelles, que le progrès fait naître dans des esprits indépendants qui croient pouvoir s'affranchir de ces lisières cléricales par lesquelles le clergé veut aujourd'hui comme autrefois mener cette pauvre société humaine.

Vous vous plaignez amèrement « que les nom-
» breux journaux qui défendaient la religion ont été
» supprimés en France, dans nos diverses provinces.
» Et tous ceux, très-nombreux, qui ont été auto-
» risés depuis ce temps, tous, dites-vous, à part

» quelques très-rares exceptions, sont hautement
» des journaux antichrétiens. » Ces paroles sont
très-graves, Monsieur, et dissimulent la vérité en
laissant croire que vos partisans ont été victimes
d'une injustice.

Les journaux soi-disant religieux qui ont été supprimés ne l'ont pas été parce qu'ils défendaient la
religion, mais bien parce que, sous le prétexte de la
défendre, ils faisaient de la politique déloyale, jetaient la perturbation dans les esprits, excitaient au
mépris du gouvernement et à la haine entre les citoyens. Sous ce rapport, Monseigneur, nous croyons
vraiment qu'on a usé d'indulgence et qu'on n'en a
pas encore assez supprimé. — Nous connaissons bon
nombre de feuilles prétendues religieuses qui ne
servent qu'à propager l'erreur dans beaucoup d'esprits qui les croient sincères.

Quant aux journaux qui ont été autorisés depuis
peu de temps, vous les trouvez antichrétiens, par la
seule raison qu'ils ne sont pas de votre avis, qu'ils
refusent de seconder vos vues ambitieuses, et surtout
qu'ils dévoilent impitoyablement des méfaits trop
longtemps cachés.

Mais vous allez être content, Monseigneur, la nouvelle loi sur la presse va donner satisfaction à vos
récriminations, et les armes pour combattre l'athéisme ne vous manqueront pas.

Vous l'avez dit, Monseigneur, « il faut que les
voiles tombent et que la lumière se fasse. » Mais
comme cette lumière éclaire des choses que le clergé

avait tout avantage à laisser dans les ténèbres, vous vous empressez de dénoncer *le péril religieux, le péril social*, rêvés l'un et l'autre par votre esprit inquiet sur l'avenir de ce pouvoir temporel que vous voyez ébranlé jusque dans ses fondements. — Vous venez armé de toutes pièces rompre vaillamment des lances contre ces fantômes évoqués par votre imagination, donnant ainsi le change aux *simples* qui croient que vous luttez contre un ennemi réel.

C'est pour ces motifs que vous faites surgir ces écoles impies, philosophiques, scientifiques, fatalistes, matérialistes, socialistes, composées, sans exception (suivant vous), d'athées plus ou moins nuancés, et pour que rien ne manque au tableau, pour que l'inquiétude ne fasse pas défaut à l'esprit public, vous faites apparaître à l'horizon les sanglantes journées de 93, comme devant infailliblement se renouveler.

XIV.

« On en est arrivé, » dites-vous, « à ce point de
» la lutte religieuse prévu et annoncé par nous à
» l'avance, où les intermédiaires étant franchis,
» *l'erreur totale* et *la vérité totale* se trouvent en
» présence et se livrent un décisif combat dont l'en-
» jeu est tout l'avenir de la société. La lutte est en
» ce moment, d'une part, entre *la religion*, *toute*
» *religion*, et d'autre part, *l'athéisme* et les auxi-

ɔ liaires, conséquents ou non, de l'athéisme. » En d'autres termes, Monseigneur, pour traduire plus clairement la pensée qui se cache sous ces paroles, la lutte qui existe entre *la vérité totale et la religion, toute religion*, d'une part, et *l'erreur totale et l'athéisme avec ses auxiliaires, conséquents ou non*, d'autre part, est la lutte du *bien* contre le *mal*, du *progrès* contre l'*ignorance*, de la *liberté* contre l'*esclavage*, enfin de *Dieu* contre *Satan*.

C'est aussi notre conviction, seulement chaque antagoniste croit avoir de son côté la *vérité totale* et *la religion* : nous verrons qui remportera la victoire de Dieu ou de Satan.

L'athéisme contemporain, ou du moins ce que vous appelez ainsi, veut en effet *refaire, réorganiser, réformer* non la société, mais certaines institutions qui sont pour elle de lourds fardeaux dont rien ne justifie la nécessité. Au nombre de ces charges inutiles se trouvent, par exemple, ces traitements considérables donnés au haut clergé, lesquels seraient, croyons-nous, beaucoup mieux employés à soulager la misère de ceux qui ont faim et qui ont froid, ou que l'âge et les infirmités rendent incapables de subvenir par eux-mêmes à leurs besoins.

XV.

Nous ne demandons ni la suppression, ni la démolition des monuments religieux, nous voulons que chacun soit libre d'y aller prier quand bon lui semblera, soit pour son compte personnel, soit pour celui de son prochain, s'il le croit utile. Toute personne ayant à s'occuper de son salut, agira dans ce sens comme elle l'entendra, mais nous ne voulons pas qu'on *nous fasse une obligation de nous occuper de nous-même*, et qu'on vienne nous calomnier, nous injurier parce que nous n'assistons pas à des cérémonies que nous trouvons en désaccord avec ces paroles de Jésus–Christ :

« Et lorsque vous priez, vous ne ferez point
» comme les hypocrites, qui aiment à prier debout
» dans les synagogues et dans les angles des places
» publiques, afin d'être vus des hommes. Je vous le
» dis en vérité, ils ont reçu leur récompense. »
(V. 5, chap. VI, S. Math.)

« Pour vous, quand vous prierez, entrez dans vo-
» tre chambre, et en ayant fermé la porte, priez votre
» père en secret, et votre père, qui voit dans le se-
» cret, vous le rendra. » (V. 6, chap. VI, S.
Math.)

« Ne multipliez pas les paroles en priant, comme
» font les païens, car ils s'imaginent être exaucés
» à force de paroles. » (V. 7, chap. VI, St Math.)

XVI.

Jésus n'a jamais bâti de temple, n'a jamais dit d'en bâtir, n'a jamais fondé de couvents, de congrégations religieuses, institué des évêques, des cardinaux, des papes, etc.

Moïse, qui, lui aussi, a parlé au nom de Dieu, a dit :
« Vous ne ferez point d'images taillées ni aucune
» figure de tout ce qui est en haut dans le ciel et en
» bas sur la terre. » (Exode, chap. XX, v. 4) (1). Est-
ce pour cette raison que nos églises sont encombrées
d'images représentant Dieu, les anges et les saints?

Les livres sacrés n'approuvent pas davantage les
cérémonies extérieures du culte.

Nous croyons donc, nous libres penseurs, qu'en
mettant en pratique les préceptes de Jésus-Christ,
nous sommes plus chrétiens, plus religieux, plus
dans le vrai, que ceux qui nous accusent d'athéisme
et d'impiété, parce que nous n'allons pas encenser
leurs orgueilleuses grandeurs. Lamennais a dit quelque part : « Ne lisez-vous pas sur leur front ce mot :
» Hypocrites? Docteurs de la loi, ils corrompent la
» loi, réduite à une lettre morte, à des pratiques
» stériles ; ils en détruisent la substance ; l'esprit,
» couvrant d'un voile sacré leurs passions mises à
» l'aise, leurs convoitises de toute espèce, leur
» orgueil, leur rapacité, et détournant les hom-
» mes du droit chemin. Après s'être, dans leur
» cœur, séparés du vrai et du bien, leur intelligence
» s'obscurcit, et c'est leur premier châtiment, ils per-
» dent la lumière qu'ils ont cachée aux autres. Leur
» conscience éteinte, ayant cessé de les éclairer inté-
» rieurement, ils s'égarent toujours plus, s'affermis-
» sent dans l'erreur et le mal, et y reposent tran-

(1) Voir la note K.

» quilles. C'est pourquoi rien ne saurait ranimer en
» eux la vie dont ils ont étouffé jusqu'au germe : os-
» sements de morts, comme les nomme Jésus. A cette
» race perverse qui tue les Prophètes, flagelle et cru-
» cifie, au nom de Dieu, les envoyés de Dieu, il an-
» nonce le jugement près de descendre sur elle ;
» il lui crie : Malheur ! car voici venir le jour où il
» lui sera demandé compte du sang des justes, qu'elle
» a versé. Ce qui se passait à Jéruralem, au temps du
» Christ, devait plus d'une fois se renouveler dans
» ce monde. Il s'y trouvera toujours des Scribes et
» des Pharisiens hypocrites, guides aveugles des
» peuples abusés, persécuteurs de ceux que le Père
» céleste envoie pour établir son règne. Mais aussi,
» quand ils ont mis le comble à leurs prévarications,
» quand le mal qui part d'eux, ayant atteint sa li-
» mite extrême, ne pourrait se prolonger sans péril
» pour l'avenir de la famille humaine, une voix
» s'élève qui crie à ces réprouvés : Malheur ! et le
» vent de la colère les emporte. » . . . . . .

Je termine en résumant en deux mots ma pensée
tout entière.

Non ! ce n'est point à Dieu et à la religion que nous
faisons la guerre. Au contraire, nous les défendons.

Nous luttons énergiquement contre un *parti politique puissant qui s'appelle* CLERGÉ, et dont les enva-
hissements incessants, l'ambition croissante, troublent
la paix des nations, divisent les hommes en susci-

tant la haine entre les citoyens. Nous voulons enfin
que cette doctrine de J.-C. : « *Aimez-vous les uns les
autres,* » qui résume Dieu et la religion, ne soit pas un
vain mot, et que ceux qui prétendent avoir mission de
l'enseigner redeviennent les véritables apôtres *de la
charité, de la fraternité, de la liberté.*

Agréez, Monsieur, les salutations respectueuses
d'un libre penseur.

.·. PIERRE .·.

NOTES

—

A

« Ce sont (disait saint Bernard dans les reproches qu'il
» adressait aux prélats au Concile de Reims en 1120) les
» ministres du Christ, et ils servent l'antechrist; ils marchent
» honorés des biens du Seigneur, qu'ils n'honorent pas eux-
» mêmes. De là cet éclat de prostituées que nous leur voyons
» tous les jours, cet extérieur d'histrion, cet appareil royal;
» de là l'or qui couvre leurs freins, leurs selles, leurs éperons;
» de là les tables chargées de mets et de vins recherchés, les
» banquets, les orgies, la cithare, la lyre, la flûte, les pressoirs
» qui regorgent, les tonneaux remplis de vins pimentés.
» Ainsi veulent être les prévôts des Églises, les doyens, les
» évêques et les archevêques. »

» Dans une autre lettre écrite à l'archevêque de Sens en
» 1115, saint Bernard s'exprime ainsi : « Ceux qui sont sans
» vêtement et sans pain se plaignent et crient : Dites-nous,
» pontifes, pourquoi vos chevaux ont-ils des freins dorés?
» Cet or chasse-t-il le froid et la faim? A quoi nous servent,
» à nous autres misérables exténués et glacés, tant d'habits
» de rechange étendus sur des perches ou pliés dans des

» garde-robe? Ce que vous prodiguez nous appartient.
» C'est à nous que votre cruauté ravit ce que vous dépensez
» inutilement. Faits à l'image de Dieu, rachetés par le sang
» du Christ, nous sommes vos frères; et la portion qui devrait
» nous revenir sert à la satisfaction de vos yeux. Votre su-
» perflu est pris sur notre existence. Ce que vous employez
» à vos vanités est enlevé à nos besoins. Deux maux provien-
» nent de la même source de cupidité; vous vous perdez en
» vous adonnant au faste, et vous nous tuez en nous dépouil-
» lant! Vos chevaux sont chargés d'ornements, et vous ne
» faites pas attention à nos pieds sans chaussures. Vos mu-
» les ont au cou des anneaux, des chaînettes, des grelots, des
» courroies enjolivés de clous d'or, et vous ne donnez pas
» même une ceinture à vos frères pour cacher leur nudité. »

. . . .

» Mathieu Nicolas de Clamenges, qui exerça successive-
» ment, sous le règne de Charles VI, les fonctions de recteur de
» l'Université, d'archidiacre de Bayeux et de proviseur du col-
» lége de Navarre, dans son traité *De corrupto statu Ecclesiœ*,
» parle ainsi des abus de la cour de Rome : « De cette source
» vénale et corrompue découle l'immense multitude de vils et
» indignes prêtres dont nous sommes inondés. Les évêques,
» pour tirer de plus grands profits de leurs ordinations, admet-
» tent indistinctement et sans examen tous ceux qui se présen-
» tent, à moins qu'ils soient pauvres et hors d'état de payer.
» Alors on les rejette aussi sans examen. Quant à leur instruc-
» tion et à leur science, est-il besoin d'en parler, lorsqu'à peine
» nous voyons un prêtre lire couramment? Quel fruit de ses
» prières peut-il retirer ou pour les autres ou pour lui-même,
» lorsqu'il ne sait prier qu'en langage barbare? Et comment
» peuvent-ils faire descendre sur autrui les bénédictions du
» Seigneur, ceux qui, par leur ignorance et la turpitude de
» leur vie, changent leur saint ministère en un ministère de
» malédiction? »

» Après avoir reproché aux prélats de déserter leurs diocè-
» ses, Nicolas de Clamenges ajoute :

« Mais pourquoi les blâmer de leur défaut de résidence,
» lorsqu'il est vraisemblable que leur présence est plus nui-
» sible qu'avantageuse? De quelle utilité en effet, peu-
» vent être les deux ou trois jours qu'ils y passent dans toute
» l'année, et qui sont remplis entièrement par la chasse,
» les jeux et les exercices du corps, tandis que leurs nuits
» se consument en festins, en danses, en débauches avec
» des jeunes filles? Ainsi l'exemple honteux du pasteur
» entraîne le troupeau dans les précipices, et quelle autre
» chose attendre de ces prélats imberbes qui, à peine libres
» de la férule, sont revêtus de l'épiscopat, et qui savent con-
» duire une église à peu près aussi bien qu'un vaisseau? de
» sorte qu'il est assez difficile de décider quels sont ceux qui
» apportent à leurs brebis le plus grand dommage, ou des
» pasteurs qui les abandonnent en proie à la fureur des
» loups. et passent leur vie dans les cours parmi les bouffons
» et les parasites, ou de ceux qui ne vivent au milieu d'elles
» que pour les vexer par rapines, les égarer par leur incurie,
» ou les perdre par leurs erreurs. »

» Et plus loin, à propos des chapelains et des chanoines,
» Nicolas de Clamenges dit encore :

« Je puis déclarer qu'ils sont tous semblables à leurs
» évêques, c'est-à-dire ignorants, simoniaques, cupides,
» ambitieux, jaloux, négligeant leurs propres mœurs, cu-
» rieux de connaître et de reprendre celles des autres.
» Ajoutons qu'ils sont ivrognes, et tellement débauchés,
» qu'ils ne rougissent pas de nourrir publiquement chez eux
» leurs bâtards et leurs concubines. Enfin, ils sont babillards
» et passent leur temps à s'entretenir de frivolités et de
» fables, parce qu'ils ne savent rien d'utile, et qu'il n'est rien
» d'honnête à quoi ils puissent s'occuper. Aussi leur vie se
» consume-t-elle à soigner leurs affaires par tous les moyens

» justes ou injustes qui sont en leur pouvoir, à remplir leur
» ventre, à flatter leur palais, et à se vautrer dans les vo-
» luptés de la chair, comme de véritables pourceaux d'Épi-
» cure. » (Émile de la Bédollière, *la Critique du clergé du
moyen âge.*)

Voilà pourtant, d'après saint Bernard et Nicolas de Clamenges, quel était le clergé de cet heureux temps où l'Église
jouissait d'une si grande prospérité, où la foi était si ardente.

⁂

..... « Les hérétiques étaient voués à la mort. Cepen-
» dant ils se trouvaient loin de former la majorité de la
» population. On consulta le légat sur ce que l'on devait
» faire pour distinguer les Albigeois des fidèles. Arnaud
» Amauri fit alors cette réponse fameuse : « *Tuez-les tous !*
» *le Seigneur connaît ceux qui sont à lui* (1). »

« Les habitants s'étaient réfugiés en grand nombre dans
» les églises, comme en des lieux d'asile inviolable. D'hum-
» bles et bons prêtres, qui n'étaient pas de l'école d'Inno-
» cent III et de l'abbé de Citeaux, s'efforcèrent de les sauver.
» Revêtus de l'habit sacerdotal, ils se placèrent devant les
» portes et au pied des autels. A Saint-Nazaire, la cathé-
» drale, ils se mirent à sonner les cloches comme on faisait
» pour éloigner les orages. Mais les fanatiques entraînés sur
» les pas d'Arnaud Amauri ne respectèrent pas plus les
» églises que les carrefours et les maisons des citoyens.
» Hommes, femmes et enfants, catholiques et hérétiques,
» tout fut impitoyablement massacré. Les cloches de la ca-
» thédrale ne cessèrent de tinter que lorsque la dernière des

(1) *Cædite eos, novit enim Dominus qui sunt ejus.* (Cæsar Heis-
terbachiensis, V, 21; *Bibliotheca Patrum Cisterciensium,* t. II,
p. 139.)

» créatures de l'immense multitude entassée dans la nef eut
» été mise à mort !.. A l'approche des bandes, les paysans
» des environs, saisis de terreur, s'étaient précipités dans la
» ville par toutes les portes, si bien que la population de
» Béziers avait été plus que triplée. Le moine Albéric de
» Trois-Fontaines porte à 60,000 le nombre des victimes du
» carnage. Dans la seule église de la Madeleine, on compta
» 7,000 cadavres (1) ! — Après le massacre, le pillage ;
» puis les croisés mirent le feu en vingt endroits à la fois. En
» peu d'instants, la ville fut changée en un immense brasier.
» Il n'y demeura ni toit, « ni chose vivante (2) » (22 juil-
let 1209).

. . . .

..... « Et les assiégés, malgré leur indomptable courage,
» malgré leurs efforts désespérés pour détruire les machines
» de guerre, avaient vu la terrible *chatte* éventrer de ses
» griffes de fer les murailles de Lavaur. Le 3 mai 1211,
» Simon de Montfort ordonna l'assaut. Une brèche était ou-
» verte. Les croisés se précipitèrent dans la place avec une
» impétuosité irrésistible, tandis que les prêtres chantaient
» le *Veni Creator*.

» On entraîna hors du château Aimeri de Montreal et
» quatre-vingts chevaliers, raconte le moine Guillaume de
» Vaux Cernai. Le noble comte (de Montfort) enjoignit de
» les pendre tous à des gibets. Mais quand Aimeri qui était
» le plus considérable d'entre eux eut été pendu, les potences
» tombèrent ayant été mal plantées à cause de la trop grande
» hâte. Le comte, voyant le retard qui s'en suivait, commanda

(1) Alberici Trium Fontium *Chron.*, t. XVII.

(2) Guillelmi de Nangis *Chron.*, p. 488. — *Hist. génér. de Langue-
doc*, XXI, ch. LVII. — *Historia de los faicts d'armas*, p. 11. — Innocentii III *Epist.* 108, 1. XII.

(*Histoire nationale de France*, par Amédée Gouët. *Croisade contre
les Albigeois.*)

» d'égorger les autres prisonniers. Sans plus de délais, les
» pèlerins s'en saisirent très-avidement et les occirent bien
» vite sur la place. La dame du château, sœur d'Aimeri et
» hérétique exécrable, fut par l'ordre du comte jetée dans
» un puits que l'on combla de pierres. Ensuite nos pèlerins
» réunirent les hérétiques que renfermait le château (ils
» étaient au nombre de 400) et les brûlèrent vifs *avec une*
» *grande allégresse (cum ingenti gaudio* (1). » — Il n'est pas
» inutile de remarquer que c'est un moine qui parle. En
» comparant cette « grande allégresse » causée par le sup-
» plice de 400 malheureux, au sentiment d'horreur que n'eût
» pas manqué d'éprouver devant un tel spectacle Celui qui
» sauvait la femme adultère, on peut mesurer la distance
» qui sépare le christianisme du catholicisme romain. Aussi
» ne devrait-on pas donner à ces barbares des croisades le
» nom de chrétiens. »

(Amédée Gouët, *Histoire nationale de France.*)

C

« Les canons interdisaient aux membres du clergé de
» prononcer une sentence de mort; mais, par un odieux sub-
» terfuge, les Inquisiteurs prononçaient la remise « au bras
» séculier. » C'était le bras séculier (le pouvoir laïque) qui
» se trouvait chargé de brûler les condamnés. Et malheur
» au seigneur ou au magistrat qui hésitait. On le poursui-
» vait lui-même comme hérétique ou fauteur d'hérétiques. »

. . . .

» La persécution ne reconnaissait ni lois morales, ni sen-
» timents d'humanité, ni ordre même. Un concile, tenu à

(1) Petri Vallis Cernai *Hist. Albigens.*, 52, p. 598. — Guidonis, *Vita Innocentii III,* p 482.

» Béziers en 1234 (18 février), enjoignit à tout fidèle d'ar-
» rêter toute personne pouvant être suspectée d'hérésie, et
» cela en quelque lieu que ce fût, menaçant des peines les
» plus rigoureuses ceux qui s'opposeraient à l'arrestation (1).
» Un autre concile, convoqué à Narbonne (1235), décida :
« qu'aucun homme ne pouvait être dispensé de la prison à
» cause de sa femme, quelque jeune qu'elle fût; aucune
» femme à cause de son mari; ni l'un ni l'autre à cause de
» leurs enfants, de leurs parents ou de ceux auxquels ils
» étaient le plus nécessaires. Qu'aucun ne soit exempté de la
» prison, disent les prélats du concile de Narbonne, à cause
» de sa faiblesse, de sa vieillesse ou de sa maladie (on refu-
» sait aux prisonniers les secours du médecin). Gardez-vous
» surtout, ajoutent-ils, *suivant la volonté prudente du siége*
» *apostolique*, de publier ou de bouche ou par signe *les noms*
» *des témoins...* A raison de l'énormité de ce crime (l'héré-
» sie), vous devez admettre comme preuves *le témoignage*
» *des criminels, des infâmes* et même des *complices.* Celui
» qui persiste à nier une faute dont il *pourrait être convaincu*
» par des témoins ou par toute autre preuve, doit être con—
» sidéré *sans hésitation* comme hérétique impénitent; qu'on
» le livre au juge séculier (2). » . . . .

. . . .

  » Une sombre terreur planait sur la ville. Pas un Tou—
» lousain, si bon catholique qu'il fût, n'était en sûreté. Pas
» une famille qui n'eût à pleurer quelqu'un de ses membres.
» C'était une abominable désolation. Non contents de brûler
» les vivants, les Inquisiteurs ordonnaient l'exhumation des
» morts qui leur étaient dénoncés comme ayant professé
» l'hérésie. On faisait le procès aux cadavres, on traînait
» sur la claie, par les rues de la ville, les dépouilles putréfiées.

(1) Labbei *Concilia general. Concilium Bitterense*, t. XL.
(2) Labbei *Concilia general.*, t XI, p. 488.

» qu'on livrait ensuite aux flammes avec solennité. — Ivresse
» dégoûtante du fanatisme ! »
(Amédée Gouët, *Histoire nationale de France.*)

D

« OEil pour œil, dent pour dent, main pour main, pied
» pour pied, (V. 24, chap. XXI, Exode.)
» Brûlure pour brûlure, plaie pour plaie, meurtrissure pour
» meurtrissure. » (V. 25, chap. XXI, Exode.)

E

« Jusqu'à ce que le culte celtique eût été altéré par
» un mélange avec celui des autres nations, il n'eut ni
» temples, ni images; les druides croyaient par ce moyen
» donner une idée plus auguste de l'Être suprême, et éloigner
» tout ce qui pouvait ravaler les notions sur son essence, ses
» perfections, sa toute-puissance. » (*Hist. des Druides*, par
David de Saint-Georges, p. 38.)

« Il est absurde, dit Tacite, de représenter sous les traits
» d'un mortel, ou d'enfermer dans une enceinte de muraille,
» l'Être qui a créé l'immensité des cieux. » (Tacite, *Germ.*,
C. 9.)

. . . .

« Vous ne vous ferez point de dieux d'argent, ni de dieux
» d'or. » (V. 23, chap. XX, Exode.)

F

« Vous me dresserez un autel de terre, et vous m'offrirez
» dessus vos holocaustes, vos hosties pacifiques, vos brebis

» et vos bœufs, en tous les lieux où la mémoire de mon nom
» sera établie ; je viendrai à vous, et je vous bénirai. » (V. 24.)

» Que si vous me faites un autel de pierre, vous ne le bâtirez
» point de pierres taillées : car il sera souillé si vous y employez
» le ciseau. » (V. 25.)

» Vous ne monterez point par des degrés à mon autel, de
» peur que votre nudité ne soit découverte. » (V. 26, ch. XX,
Exode.)

G

Cette thèse de la pauvreté du clergé primitif est his-
toriquement prouvée jusqu'au don fait par Pépin le Bref au
pape en 755, confirmé et agrandi par Charlemagne en 800,
et porté à son plus haut degré de splendeur par la donation
faite au saint-siége en 1125 par la grande comtesse de Toscane
Mathilde.

Au point de vue religieux, les pères de l'Église primitive,
jusqu'au ve siècle du moins, ne laissent aucun doute sur ce
point.

H

« En 1578, les jésuites se font chasser d'Anvers, et
» en 1581, trois des leurs sont mis à mort en Angleterre
» pour avoir conspiré contre la reine Elisabeth.

» En 1589, Henri III est assassiné par le moine Jacques
» Clément.

» En 1593, un élève des jésuites, Barrière, tente d'assas-
» siner Henri IV.

» En 1594, surgit un nouvel assassin du roi : c'est Jean
» Châtel. Les jésuites sont chassés de France par le roi.

» En 1595, le père Guignard, un de leurs docteurs, est
» pendu en Grève pour avoir fait l'apologie du régicide.

» En 1598, ils tentent de faire assassiner Maurice de Nas-
» seau et sont expulsés de la Hollande.

» En 1610, Ravaillac assassine Henri IV, cette fois pour
» tout de bon. Les jésuites font peindre un tableau où l'assas-
» sin est représenté montant au ciel plein de gloire, tandis
» qu'Henri IV, sa victime, est précipité au fond des enfers...

» Dans l'année où Henri IV fut assassiné, le jésuite Ma-
» riana publia son *Institution du Prince*, où se trouve l'apo-
» logie du régicide.

» En 1757, un attentat est commis contre Louis XV par
» Damiens, qui avait vécu chez les jésuites.

» En 1758, le roi du Portugal est assassiné à la suite d'un
» complot conduit par les pères Malagrida, Matus et Alexan-
» dre. Les jésuites sont chassés du Portugal.

» Le 5 mars 1762, un arrêt du parlement chasse les jésuites
» de France et de nos possessions, à cause de leurs doctrines
» pernicieuses, où le meurtre, le vol, le mensonge, le par-
» jure, l'impureté, tous les crimes enfin sont justifiés.

» En 1774, le pape Clément XIV, ayant voulu abolir la
» société des jésuites, mourut bientôt empoisonné. »

» Dans ses *Aphorismes*, le père Emmanuel Sa dit :

» Qu'il est permis de tuer pour sa propre défense ou pour
» celle d'autrui, et, suivant quelques-uns, *même pour la dé-
» fense de son bien.* »

» D'après le père Lessius, un religieux qui, au lieu de fuir,
« tue celui qui l'attaque, ne pèche point contre la justice,
» car il n'est pas obligé de fuir. »

» Étienne Fagundez, dans son *Traité sur les préceptes du
» décalogue*, s'exprime ainsi :

« Des enfants *chrétiens et catholiques* peuvent accuser
» leurs pères du crime d'hérésie, quoiqu'ils sachent que pour
» cela leurs pères seront brûlés et mis à mort, comme l'en—

— 51 —

» seigne Tolet...., et non-seulement ils pourront leur refuser
» la nourriture, s'ils tâchent de les détourner de la foi catho-
» lique , mais même ils pourront justement les tuer en gar-
» dant la modération d'une juste défense , si leurs parents
» veulent les obliger par violence à abandonner la foi. »

« D'après la *Théologie morale* du père Escobar : « Il est per-
» mis de tuer en trahison un proscrit. » (T. IV, p. 278.)

« Il est également permis de mettre à mort ceux qui nous
» nuisent auprès des princes et des personnages de distinc-
» tion. » (Id. Ibid., p. 284.)

« Le père Jacques Platelius, jésuite, dans son *Cours de théo-
» logie*, s'exprime ainsi : Si quelqu'un est si stupide qu'il juge
» invinciblement que le désir de commettre un homicide
» n'est point un péché, il ne pèche pas en désirant de le
» commettre.

» Il est permis de tuer un autre pour se conserver les biens
» de la fortune. »

» Jean de Cardenas suppose, « qu'il est permis de désirer
» la mort d'un autre pour le grand bien, même temporel,
» d'une communauté ou de l'Église, parce que le bien com-
» mun est préférable au bien d'une personne particulière. »

» Emmanuel Sa dit que : « La révolte d'un *clerc* contre le
» roi n'est pas un crime de lèse-majesté, parce que le *clerc*
» n'est pas sujet du roi, mais bien du pape, qui peut suspen—
» dre la puissance même temporelle des rois et délier leurs
» sujets de toute obéissance. »

» Dans sa *Théologie morale*, le père jésuite Thomas Tamburin
» dit : « On n'est point obligé, sous peine de péché mortel, de
» restituer ce qu'on a pris en plusieurs petits vols , quelque
» grande que soit la somme totale. »

» Le père Antoine Casnedi prétend que : « Dieu ne défend
» le vol qu'en tant qu'il est regardé comme mauvais, et non
» pas lorsqu'il est connu comme bon. »

« Le père Valèze Regnald, dans son *Traité de pénitence*, dit :

« Les domestiques peuvent prendre en cachette les biens de
» leurs maîtres par forme de compensation, sous prétexte que
» leurs gages sont trop modiques, *et ils sont dispensés de la*
» *restitution.*

» A cette question : ‹ En quelles occasions un religieux
» peut-il quitter son habit sans encourir l'excommunica-
» tion ?

» On répond :

» S'il le quitte pour une cause honteuse, comme pour aller
» filouter, ou pour aller *incognito* en des lieux de débauche,
» le devant bientôt reprendre. » (*Praxis ex Societatis Jesu*
scholâ. Tr. 7, ex. 6, n° 103.)

» Du moment qu'un religieux peut quitter son habit sans
» encourir l'excommunication, c'est que la chose lui est per-
» mise. S'il ne peut le quitter que pour une chose honteuse,
» c'est que la chose honteuse, c'est-à-dire le filoutage et la
» débauche lui sont permis.

» Si l'on passe maintenant aux doctrines des Jésuites en
» matière de luxure, on trouve des choses telles qu'il se-
» rait impossible de les reproduire ici, ni même d'en donner
» une idée affaiblie. Ce sont des inventions inouïes de crimes
» inimaginables, de fornications sacriléges, de débauches con-
» tre nature, comme le célibat forcé peut seul en faire éclore
» dans un cerveau troublé. Et tout cela trouve chez leurs
» casuistes indulgence et même justification. »

» Voici quelques citations parmi les passages qui se peu-
» vent transcrire honnêtement :

« Le père Corneil indique aux femmes qui se trouvent
» dans la position de Suzanne, un moyen de s'en tirer, sans
» péché, et pourtant avec plaisir ; c'est de tout endurer en
» se répétant intérieurement qu'on n'y consent pas, parce que
» l'existence et la réputation valent mieux que la chasteté.
» *Quia majus bonum est fama et vita quàm pudicitia.* »

« Le père Gaspard, dans son *Traité sur les Sacrements*,

» à cette question : «Est-il permis de pratiquer l'acte conjugal
» avant la bénédiction nuptiale ? » répond : Sanz, Navarre et
» autres, enseignent que cela est permis, « et avec raison,
» *et merito*, » ajoute ce vertueux théologien.

» Le père Simon de Lasseau, professeur de *cas de conscience*
» au collége d'Amiens en 1656, prétend que « ce n'est point un
» péché mortel pour les femmes qui étalent leur beauté aux
» yeux des jeunes gens dont elles savent provoquer les lu-
» briques désirs, si, en agissant ainsi, elles le font dans quel-
» que but de nécessité ou d'utilité, comme pour se procurer
» le droit de sortir plus facilement de la maison, de rester
» sur la porte ou à la fenêtre de la maison. »

» Il y a encore les cas où l'on peut abuser d'une fille sans
» péché : il suffit de *bien diriger son intention*, et le cas où
» une fille peut se prostituer. Mais laissons ces choses hon-
» teuses. »

» Ces extraits, *vérifiés et collationnés par les commissaires*
» *du parlement, en exécution de l'arrêté de la cour du 31 août*
» *1761 et arrêté du 3 septembre suivant* ne, forme pas moins
» de quatre volumes. »

(*Instructions secrètes des jésuites*, par Charles Sauvestre.)

I.

La guerre des Albigeois et saint Dominique, la ligue et le
cardinal de Joyeuse, la fronde et le cardinal de Retz.

J

.... Et quelquefois même au-dessus de l'autel. — Dans la
cathédrale de Poitiers, par exemple, le trône épiscopal est de
quelques centimètres seulement moins élevé que le maître

autel, mais il est vrai qu'il domine tous les autels des autres chapelles.

K

« Vous ne les adorerez point et vous ne leur rendrez point
» le souverain culte, » a dit Moïse. (V. 5, chap. XX,
Exode.)

« Vous ne ferez point de dieux d'argent, ni de dieux
» d'or. »

Les iconoclastes ont appliqué ce précepte à la lettre. Les mahométans en font une des bases de leur religion. Les protestants de toutes les communions en suivent les préceptes, et jusqu'à la fin du viiie siècle, l'Église catholique, notamment l'Église gallicane, a proscrit le culte des images.